LA MONEDA DE ORO

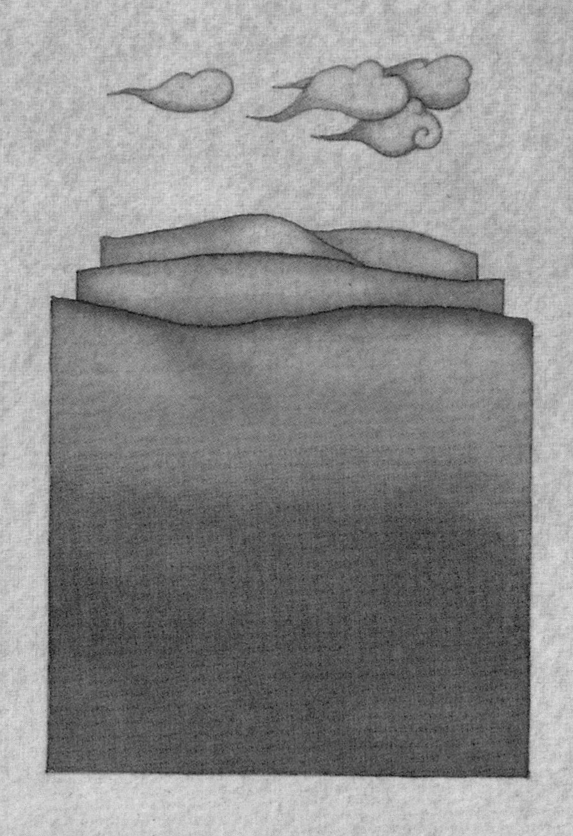

LA MONEDA DE ORO

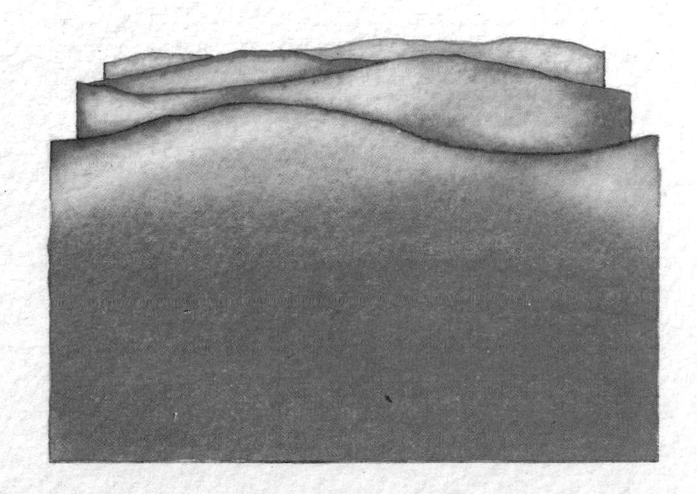

Alma Flor Ada
ilustrado por Neil Waldman

EDITORIAL EVEREST, S.A.

Colección dirigida por Raquel López Varela

Título original: *The Gold Coin*

Published by arragement with Macmillan Publishing Company (USA)

SEGUNDA EDICIÓN, primera reimpresión, 1997

EDITORIAL EVEREST, S. A.
Carretera León-La Coruña, km 5 - LEÓN
ISBN: 84-241-3338-2
Depósito legal: LE. 70-1997
Printed in Spain - Impreso en España

EDITORIAL EVERGRÁFICAS, S. L.
Carretera León-La Coruña, km 5
LEÓN (España)

*Para Rosalma, que creyó
que este cuento debía llegar
a todos los niños, agradecida.
A. F. A.*

*Para Jeremy, Eric y Lisa.
N. W.*

Juan había sido ladrón durante muchos años. Como sólo salía de noche, su tez tenía un enfermizo color amarillo. Como andaba siempre escondiéndose y escabulléndose, su cuerpo se había vuelto contrahecho. Y como no tenía ni amigos ni familiares a quienes sonreír, su rostro estaba crispado en un constante rictus amargo.

Una noche, atraído por una luz que brillaba entre la maleza, Juan se acercó a una choza. Por una rendija vio a una mujer, sentada a una mesa rústica.

¿Qué era lo que brillaba en su mano? Juan no podía creerlo: era una moneda de oro.

Su sorpresa fue aún mayor cuando oyó decir a la mujer:

—Debo de ser la persona más rica del mundo.

Juan decidió que aquella riqueza, todo el oro que tuviera la mujer, sería suyo.

Envuelto en su poncho, se escondió entre los matorrales, esperando el momento propicio para entrar a la choza.

Juan se había quedado adormilado cuando, de pronto, lo despertó el ruido de golpes en la puerta de la choza, y de voces que hablaban apresuradamente.

Unos minutos después, vio cómo la mujer, arrebujada en un manto negro, se marchaba acompañada de dos hombres.

«Ésta es la mía», pensó Juan. Y, forzando una ventana, entró en la choza.

Buscó el oro con afán. Debajo de la cama. En el arca que había en un rincón. Como no lo encontró en ninguno de los lugares que podía imaginar, intensificó la búsqueda.

Y cuando ya no podía pensar en ningún otro escondite posible, arrancó varias tablas del techo, para mirar debajo de las tejas.

Por fin, Juan se dio por vencido. El oro no estaba en la choza.

«No me queda más remedio que encontrarla y obligarla a decirme dónde lo ha escondido», se dijo Juan.

Y se marchó por el camino por donde había visto irse a la anciana con los dos hombres.

Ya había amanecido cuando Juan llegó junto al río. Hasta entonces, el camino había estado desierto. Pero aquí, a la orilla del río caudaloso, había un par de chozas. Un hombre y su hijo cavaban afanosamente la tierra recogiendo patatas.

Hacía mucho tiempo que Juan no dirigía la palabra a otro ser humano. Pero era tal su afán de encontrar a la mujer, que se acercó a los campesinos y preguntó con voz ronca:

—¿Han visto pasar por aquí a una mujer bajita, de trenzas grises, con un manto negro...?

—¿Está buscando a doña Josefa? —le contestó enseguida el hijo—. Sí que la hemos visto... Fuimos a buscarla esta mañana porque al abuelo le había dado otro ataque...

—¿Y dónde está? —interrumpió Juan bruscamente.

—Pues ya se ha ido —respondió afablemente el padre—. Vinieron a buscarla para que fuera al otro lado del río, a atender a una mujer enferma.

—¿Y cómo puedo pasar el río? —preguntó entonces Juan ansiosamente.

—Sólo con un bote. Si quiere, más tarde lo pasaremos —contestó el joven. Y volviendo a su trabajo, añadió: —Pero será cuando terminemos de recoger las patatas.

Juan, entonces, masculló: —Gracias.

Y cogiendo un azadón, se puso a ayudarlos. «Cuanto más pronto terminen, más pronto podré pasar el río», pensaba. «Y más cerca estaré de mi oro».

Ya caía el sol cuando la tarea quedó concluida. Toda la tierra había sido volteada y las patatas llenaban las canastas de mimbre.

—¿Pueden cruzarme ahora? —preguntó Juan impaciente.

—Por supuesto —respondió el padre—. Pero primero comeremos.

Juan se había olvidado del sabor de la comida recién hecha. Y de lo agradable que resulta compartirla con otros.

Mientras vaciaba el plato, recordaba comidas lejanas y olvidadas.

A la luz de la luna, padre e hijo se afanaban en los remos.

—¡Qué arte el de doña Josefa! —comentó el hijo—. No hizo más que darle ese remedio al abuelo y ya se sintió mejor.

—Y pensar que, además, le trajo una moneda de oro —añadió su padre.

Al oír esto, a Juan le dio un sobresalto. Que la tal doña Josefa ayudara a la gente, si le apetecía, era una cosa. Pero, ¿cómo se le ocurría disponer así del oro que iba a ser suyo?

Cuando atracaron a la otra orilla, se les acercó un hombre joven.

—El amigo anda buscando a doña Josefa —explicó el padre, mientras Juan desembarcaba.

—Ya se fue —dijo el joven.

—¿Adónde? —exclamó Juan.

—Al otro lado de las montañas —contestó el joven, señalando el perfil de picos que se vislumbraba contra el cielo estrellado.

—¿Cómo puedo ir hasta allí? —replicó Juan, tratando de contener su impaciencia.

—Necesitará un caballo —dijo el joven—. Vinieron a buscarla porque hay un hombre con una pierna rota.

—Bien, pues entonces necesito un caballo —urgió Juan.

—Mañana, o quizá pasado mañana, cuando termine de recoger el maíz, puedo llevarlo —fue la respuesta del joven.

Así fue como Juan se pasó otro día en los campos, sudando de sol a sol.

Cada vez que arrancaba una mazorca del tallo, pensaba que estaba más cerca del oro. Y cuando el joven campesino lo invitó a comer y pelaron varias mazorcas para cocinarlas, los granos de maíz le parecían monedas de oro.

Mientras comían, Juan pensaba en doña Josefa. ¿Por qué —se preguntaba— andaría una mujer, que se creía la persona más rica del mundo, afanada por los campos curando a cuanto enfermo había?

Al día siguiente partieron al alba. Juan no podía recordar cuándo había sido la última vez que había visto amanecer. Y se sintió sobrecogido observando las montañas, apenas iluminadas por la luz tenue. Al llegar a la falda de la montaña, el joven comentó:

—No me sorprende que esté buscando a doña Josefa. Todos dependemos de ella. Yo fui a buscarla porque mi mujer llevaba varios días con fiebre. Y en un momento la sanó. E imagínese, amigo, ¡hasta le trajo una moneda de oro!

Juan volvió a sentir un sobresalto. Pensar que alguien estuviera repartiendo así su oro... «¡Qué extraña persona esta doña Josefa!», pensó Juan. «¡No sólo está dispuesta a ayudar a tanta gente, sino que no le importa ir lejos para hacerlo!»

—Bueno, amigo, tengo que regresar —le dijo el joven a Juan—. Ya no falta mucho y podrá continuar el camino a pie. Allá puede ver la casa del hombre que se ha roto la pierna.

El joven le ofreció la mano, para despedirse. Juan se quedó por un momento mirando la mano extendida. Hacía mucho tiempo que no le daba la mano a nadie. Lentamente, sacó la suya de debajo del poncho. Cuando el joven se la estrechó con fuerza, sintió como si el calor del sol lo inundara por dentro.

Pero después de darle las gracias al joven, Juan echó a correr camino abajo. No podía contener la impaciencia de alcanzar por fin a doña Josefa y averiguar dónde estaba el oro.

Cerca de la casa, vio a una mujer y a una niña bajando de una carreta.

—¿Han visto a doña Josefa? —preguntó Juan.

—Acabamos de llevarla a casa de don Teodosio. Como tiene a su mujer enferma... —respondió la mujer.

—¿Cómo llego hasta allí? —la interrumpió Juan, impaciente—. Tengo que alcanzarla.

—Es demasiado lejos para ir a pie —dijo la mujer amablemente—. Si quiere, mañana puedo llevarlo, pero antes necesito recoger las calabazas y los guisantes.

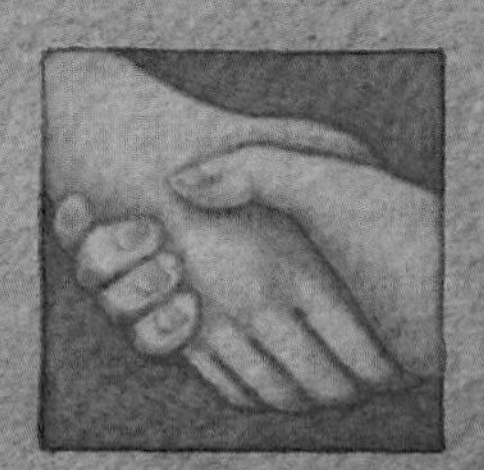

Así pasó Juan su tercer día de cosecha bajo el sol. Su piel se había ido bronceando. Y, a pesar del esfuerzo de agacharse y levantarse continuamente para recoger las calabazas, su espalda se empezó a enderezar.

Cuando la niñita lo llevó de la mano para enseñarle una madriguera de conejos debajo de un árbol caído, asomó una sonrisa, por primera vez en mucho tiempo, en el rostro de Juan.

Pero aún seguía pensando en el oro.

Al día siguiente, la carreta en la que iban Juan y la mujer rodaba, pesada, por los caminos bordeados de cafetales. La mujer dijo:

—No sé qué hubiera sido de nosotros sin doña Josefa. Envié a mi hija a pedirle ayuda al vecino y él fue a buscar a doña Josefa a caballo. Ella le entablilló la pierna a mi marido. Y me enseñó a hacerle unos brebajes para aliviarle el dolor.

Al no responder nada Juan, la mujer añadió:

—E imagínese, amigo; además de todo eso, ¡le trajo una moneda de oro!

Juan se limitó a suspirar. No cabía duda de que doña Josefa era alguien muy especial. Y no sabía si alegrarse de que ella tuviera tanto oro como para poder ir repartiendo así sus monedas, o si disgustarse por el oro que ya había repartido.

Cuando llegaron por fin a casa de don Teodosio, doña Josefa ya se había marchado. Pero allí también había mucho que hacer...

Juan se quedó a ayudar en la recolección del café. Los cafetos crecían bajo la sombra de árboles frondosos. Mientras cosechaba los brillantes granos rojos, Juan dejaba vagar la vista sobre las hileras de cafetos que cubrían las laderas. ¡Qué ordenado y tranquilo parecía aquel mundo!

A la mañana siguiente, Juan se levantó al amanecer. Teñidas por la luz del alba, las montañas parecían sonreírle. Y cuando don Teodosio se ofreció a llevarlo en la grupa de su caballo, a Juan se le hizo difícil tener que decirles adiós.

Mientras bajaban desde las lomas hacia los cañaverales, don Teodosio le dijo:

—¡Mire usted si será buena doña Josefa! Apenas tuvo noticia de que mi mujer estaba enferma, y ya quiso venir a verla. Y además, por si fuera poco, ¡le trajo una moneda de oro!

Hacía un calor sofocante, el calor que anuncia a veces la llegada de una tormenta. Juan se limitó a suspirar y a secarse la frente cubierta de sudor. Y siguieron el camino en silencio.

Tan pronto como Juan se apeó del caballo de don Teodosio, echó a correr. Conocía esta parte del camino por haberla recorrido aquella noche que, aunque apenas había pasado una semana, ahora le parecía tan lejana.

¡Esta vez no se le escaparía el oro! Pero necesitaba apresurarse para encontrar cobijo antes de que se desatara la tormenta.

Por fin, sin aliento, llegó a la choza. Y allí, parada frente a la puerta, abrumada por lo que veían sus ojos, estaba doña Josefa, que todavía no parecía asumir los destrozos del techo de su casa.

—Por fin la encuentro —gritó Juan. Y antes de que ella pudiera decir nada, añadió: —¿Dónde está el oro?

—¿La moneda de oro? —preguntó, sorprendida, doña Josefa—. ¿Viene por la moneda de oro? Entonces debe de ser usted el que la necesita tanto...

—Traté de dársela —explicó doña Josefa— a alguien que pudiera necesitarla: al anciano que había sufrido el ataque, a la joven que tenía fiebre, al hombre que se había roto la pierna, a la esposa de don Teodosio... Pero todos me dijeron: «Llévesela, doña Josefa, que alguien habrá que la necesite más...»

Juan no dijo palabra. Y doña Josefa concluyó:

—Usted debe de ser el que tanto la necesita.

Y sacando de su bolsillo la moneda de oro, se la ofreció a Juan. Él tomó la moneda y se quedó mirándola en silencio.

En ese momento apareció una niña. Sus largas trenzas le golpeaban la espalda mientras corría:

—Doña Josefa, apúrese, por favor... —dijo casi sin aliento—. Mi madre se encuentra sola, y mi hermanito está a punto de nacer...

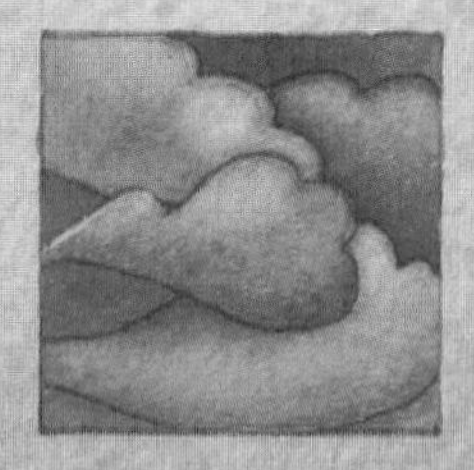

—Sí, hijita, claro —dijo doña Josefa—. Pero en ese momento miró al cielo cubierto de nubes negras. La tormenta se acercaba. No tardaría en empezar a llover. Doña Josefa suspiró profundamente: —¿Qué voy a hacer? Mira mi casa... no sé qué ha pasado. La tormenta va a inundarlo todo...

Había una honda tristeza en su voz.

Juan miró a los ojos asustados de la niña, miró a doña Josefa y luego a la choza destrozada.

—No se preocupe, doña Josefa —dijo entonces—. Vaya sin cuidado. Yo le arreglaré el techo. Se lo dejaré como nuevo.

Doña Josefa asintió, agradecida, con la cabeza. Se echó el manto sobre los hombros, tomó a la niña de la mano y se dispuso a marchar. Ya se iban cuando Juan extendió la mano:

—Llévele esto al recién nacido —le dijo, dándole la moneda de oro—. Seguro que la necesitará más que yo.